O CONTEÚDO JURÍDICO DO PRINCÍPIO DA IGUALDADE

CELSO ANTÔNIO BANDEIRA DE MELLO

O CONTEÚDO JURÍDICO DO PRINCÍPIO DA IGUALDADE

3ª edição,
22ª tiragem

MALHEIROS EDITORES

SUMÁRIO

I. INTRODUÇÃO

1. Rezam as constituições — e a brasileira estabelece no art. 5º, *caput* — que todos são iguais perante a lei. Entende-se, em concorde unanimidade, que o alcance do princípio não se restringe a nivelar os cidadãos diante da norma legal posta, mas que a própria lei não pode ser editada em desconformidade com a isonomia.

2. O preceito magno da igualdade, como já tem sido assinalado, é norma voltada quer para o aplicador da lei quer para o próprio legislador. Deveras, não só perante a norma posta se nivelam os indivíduos, mas, a própria edição dela assujeita-se ao dever de dispensar tratamento equânime às pessoas.

Por isso Francisco Campos lavrou, com pena de ouro, o seguinte asserto:

"Assim, não poderá subsistir qualquer dúvida quanto ao destinatário da cláusula constitucional da igualdade perante a lei. O seu destinatário é, precisamente, o legislador e, em conseqüência, a legislação; por mais discricionários que possam ser os critérios da política legislativa, encontra no princípio da igualdade a primeira e mais fundamental de suas limitações".[1]

A Lei não deve ser fonte de privilégios ou perseguições, mas instrumento regulador da vida social que necessita tratar eqüitativamente todos os cidadãos. Este é o conteúdo político-ideológico absorvido pelo princípio da isonomia e juridicizado pelos textos constitucionais em geral, ou de todo modo assimilado pelos sistemas normativos vigentes.

Em suma: dúvida não padece que, ao se cumprir uma lei, todos os abrangidos por ela hão de receber tratamento parificado, sendo certo, ainda, que ao próprio ditame legal é interdito deferir disciplinas diversas para situações equivalentes.[2]

3. O mero enunciado genérico que se vem de proceder a ninguém causaria espécie. Antes, e pelo contrário, contará, ao certo, com o sufrágio unânime de todos os que se debrucem sobre temas jurídicos.

Cumpre, todavia, buscar precisões maiores, porque a matéria, inobstante a limpidez das assertivas feitas, ressente-se da excessiva generalidade destes enunciados.

Demais disso, para desate do problema é insuficiente recorrer à notória afirmação de Aristóteles, assaz de vezes repetida, segundo cujos termos a igualdade consiste em tratar igualmente os iguais e desigualmente os desiguais. Sem contestar a inteira procedência do que nela se contém e reconhecendo, muito ao de mi-

1. *Direito Constitucional*, Ed. Freitas Bastos, 1956, vol. II, p. 30.

2. Com efeito, Kelsen bem demonstrou que a igualdade *perante* a lei não possuiria significação peculiar alguma. O sentido relevante do princípio isonômico está na obrigação da igualdade *na* própria lei, vale dizer, entendida como limite para a lei. Por isso averbou o que segue:

"Colocar (o problema) da igualdade *perante* a lei, é colocar simplesmente que os órgãos de aplicação do direito não têm o direito de tomar em consideração senão as distinções feitas nas próprias leis a aplicar, o que se reduz a afirmar simplesmente o princípio da regularidade da aplicação do direito em geral; princípio que é imanente a toda ordem jurídica e o princípio da legalidade da aplicação das leis, que é imanente a todas as leis — em outros termos, o princípio de que as normas devem ser aplicadas conforme as normas." (*Teoria Pura do Direito*, tradução francesa da 2ª edição alemã, por Ch. Einsenmann, Paris, Dalloz, 1962, p. 190).

nistro, sua validade como ponto de partida, deve-se negar-lhe o caráter de termo de chegada, pois entre um e outro extremo serpeia um fosso de incertezas cavado sobre a intuitiva pergunta que aflora ao espírito: *Quem são os iguais e quem são os desiguais?*

A dizer: o que permite radicalizar alguns sob a rubrica de iguais e outros sob a rubrica de desiguais? Em suma: qual o critério legitimamente manipulável — sem agravos à isonomia — que autoriza distinguir pessoas e situações em grupos apartados para fins de tratamentos jurídicos diversos? Afinal, que espécie de igualdade veda e que tipo de desigualdade faculta a discriminação de situações e de pessoas, sem quebra e agressão aos objetivos transfundidos no princípio constitucional da isonomia?

Só respondendo a estas indagações poder-se-á lograr adensamento do preceito, de sorte a emprestar-lhe cunho operativo seguro, capaz de converter sua teórica proclamação em guia de uma *praxis* efetiva, reclamada pelo próprio ditame constitucional.

Como as leis nada mais fazem senão discriminar situações para submetê-las à regência de tais ou quais regras — sendo esta mesma sua característica funcional — é preciso indagar quais as discriminações juridicamente intoleráveis.[3]

4. Sabe-se que entre as pessoas há diferenças óbvias, perceptíveis a olhos vistos, as quais, todavia, não poderiam ser, em quaisquer casos, erigidas, validamente, em critérios distintivos justificadores de tratamentos jurídicos díspares. Assim, *exempli gratia*, são nitidamente diferenciáveis os homens altos dos homens de baixa estatura. Poderia a lei estabelecer — em função desta desigualdade evidente — que os indivíduos altos têm direito a realizar con-

3. São de Hans Kelsen as seguintes considerações:

"A igualdade dos sujeitos na ordenação jurídica, garantida pela Constituição, não significa que estes devam ser tratados de maneira idêntica nas normas e em particular nas leis expedidas com base na Constituição. A igualdade assim entendida não é concebível: seria absurdo impor a todos os indivíduos exatamente as mesmas obrigações ou lhes conferir exatamente os mesmos direitos sem fazer distinção alguma entre eles, como, por exemplo, entre crianças e adultos, indivíduos mentalmente sadios e alienados, homens e mulheres." (Op. e loc. cits.).

tratos de compra e venda, sendo defeso o uso deste instituto jurídico às pessoas de amesquinhado tamanho?

Por sem dúvida, qualquer intérprete, fosse ele doutor da maior suposição ou leigo de escassas luzes, responderia pela negativa. Qual a razão empecedora do discrímen, no caso excogitado, se é certo que uns e outros diferem incontestavelmente? Seria, porventura, a circunstância de que a estatura é fator, em si mesmo, inidôneo juridicamente para servir como critério de desequiparação?

Ainda aqui a resposta correta, ao parecer, deverá ser negativa. Para demonstrá-lo é suficiente construir outro exemplo. Suponha-se lei que estabeleça: só poderão fazer parte de "guardas de honra", nas cerimônias militares oficiais, os soldados de estatura igual ou superior a um metro e oitenta centímetros. Haveria, porventura, algum vício de direito nesta hipotética norma? Ofenderia o princípio da igualdade?

Parece claro a todas as luzes a improcedência de algum embargo que se lhe opusesse em nome da isonomia. Segue-se que a estatura não é, só por só, fator insuscetível de ser erigido em critério diferencial das pessoas. Por que, então, na primeira hipótese contestou-se-lhe juridicidade, admitindo-a na segunda?

Dês que se atine com a razão pela qual em um caso o discrímen é ilegítimo e em outro legítimo, ter-se-ão franqueadas as portas que interditam a compreensão clara do conteúdo da isonomia.

5. Ao que saibamos é minguado o auxílio doutrinal efetivo em tema de igualdade. Procuraremos, pois, esboçar os rudimentos de uma teoria sobre o conteúdo jurídico do preceito isonômico, esperando trazer, ao menos, uma pouca de luz, que sirva de pretexto para estudos mais aprofundados.

O princípio da igualdade interdita tratamento desuniforme às pessoas. Sem embargo, consoante se observou, o próprio da lei, sua função precípua, reside exata e precisamente em dispensar tratamentos desiguais. Isto é, as normas legais nada mais fazem que discriminar situações, à moda que as pessoas compreendidas em umas ou em outras vêm a ser colhidas por regimes diferentes. Donde, a algumas são deferidos determinados direitos e obrigações que não assistem a outras, por abrigadas em diversa categoria, regulada por diferente plexo de obrigações e direitos.

Exemplificando, cabe observar que às sociedades comerciais quadram, por lei, prerrogativas e deveres diferentes dos que pertinem às sociedades civis; aos maiores é dispensado tratamento inequiparável àquele outorgado aos menores; aos advogados se deferem certos direitos e encargos distintos dos que calham aos economistas ou aos médicos, também diferençados entre si no que concerne às respectivas faculdades e deveres. Aos funcionários assistem vantagens e sujeições que não são irrogáveis a quem careça desta qualidade. Entre os servidores públicos alguns desfrutam de certos benefícios que falecem a outros, dependendo, por hipótese, de serem concursados ou não. As mulheres se aposentam aos trinta anos, os homens aos trinta e cinco. Os exercentes de função gratificada de chefia percebem uma importância correspectiva, ao passo que os subalternos dela carecem. Os que cumprem certo tempo de serviço sem faltas e notações desfavoráveis são agraciados com licença-prêmio; aos restantes não se dispensa igual benefício.

6. Em quaisquer dos casos assinalados, a lei erigiu algo em elemento diferencial, vale dizer: apanhou, nas diversas situações qualificadas, algum ou alguns pontos de diferença a que atribuiu relevo para fins de discriminar situações, inculcando a cada qual efeitos jurídicos correlatos e, de conseguinte, desuniformes entre si.

Segue-se, do exposto, que a correta indagação a ser formulada para conhecimento do princípio ora *sub examine* pode ser traduzida nos termos que seguem:

Quando é vedado à lei estabelecer discriminações? Ou seja: quais os limites que adversam este exercício normal, inerente à função legal de discriminar?

Respondida a indagação, o problema do conteúdo real da isonomia, insoluto anos a reio, terá recebido substanciosa achega para nortear-lhe o deslinde.

Em rigor, seu desate não é tão tormentoso quanto, à primeira, pode aparentar. Parece bem, entretanto, antes de defrontar diretamente a pergunta, desfazer alguns preconceitos cuja persistência tolda, por inteiro, a percepção do âmago do problema.

II. IGUALDADE E OS FATORES SEXO, RAÇA, CREDO RELIGIOSO

7. Supõe-se, habitualmente, que o agravo à isonomia radica-se na escolha, pela lei, de certos fatores diferenciais existentes nas pessoas, mas que não poderiam ter sido eleitos como matriz do discrímen. Isto é, acredita-se que determinados elementos ou traços característicos das pessoas ou situações são insuscetíveis de serem colhidos pela norma como raiz de alguma diferenciação, pena de se porem às testilhas com a regra da igualdade.

Assim, imagina-se que as pessoas não podem ser legalmente desequiparadas em razão da raça, ou do sexo, ou da convicção religiosa (art. 5º *caput* da Carta Constitucional) ou em razão da cor dos olhos, da compleição corporal, etc.

Descabe, totalmente, buscar aí a barreira insuperável ditada pelo princípio da igualdade. É fácil demonstrá-lo. Basta configurar algumas hipóteses em que estes caracteres são determinantes do discrímen para se aperceber que, entretanto, em nada se chocam com a isonomia.[4]

4. Kelsen — conquanto mestre insuperável — neste passo, ao parecer, errou completamente, pois também supôs que a ofensa à isonomia reside em se estabelecerem legalmente diferenciações embasadas em traços que não podem

Suponha-se hipotético concurso público para seleção de candidatos a exercícios físicos, controlados por órgãos de pesquisa, que sirvam de base ao estudo e medição da especialidade esportiva mais adaptada às pessoas de raça negra. É óbvio que os indivíduos de raça branca não poderão concorrer a este certame. E nenhum agravo existirá ao princípio da isonomia na exclusão de pessoas de outras raças que não a negra. A pesquisa proposta, perfeitamente válida, justificaria a diferenciação estipulada. Para realizá-la, o Poder Público não estaria por nada obrigado a produzir equivalente estudo relativo às pessoas de raça branca, amarela, vermelha ou — se se quiser transpor o exemplo a quaisquer destas últimas — a efetuá-lo com as raças não abrangidas.

Pode-se, ainda, supor que grassando em certa região uma epidemia, a que se revelem resistentes os indivíduos de certa raça, a lei estabeleça que só poderão candidatar-se a cargos públicos de enfermeiro, naquela área, os indivíduos pertencentes à raça refratária à contração da doença que se queira debelar. É óbvio, do mesmo modo, que, ainda aqui, as pessoas terão sido discriminadas em razão da raça, sem, todavia, ocorrer, por tal circunstância, qualquer hostilidade ao preceito igualitário que a Lei Magna desejou prestigiar.

servir de calço para o estabelecimento de discrímen. Nisto, aliás, aderiu ao equívoco doutrinário corrente. É o que se depreende do seguinte relanço: "Se se raciocina sobre a igualdade *na* lei, isto significará que as leis não podem — sob pena de anulação por inconstitucionalidade — fundar uma diferença de tratamento sobre certas distinções muito determinadas, tais como as que respeitam à raça, à religião, à classe social ou à fortuna". E, imediatamente em continuação, aclara seu real pensamento, indo além das assertivas habituais sobre o tema: "Se a Constituição contém uma fórmula que proclama a igualdade dos indivíduos, mas não precisa que espécies de distinções não devem ser feitas entre estes indivíduos nas leis, tal igualdade constitucionalmente garantida, não mais poderá significar outra coisa que igualdade *perante* a lei" (op. e loc. cits.).

Lembre-se que o autor citado, com as expressões "igualdade na lei" e "igualdade perante a lei" distingue, respectivamente, a igualdade a que o legislador está obrigado a dispensar a todos, ao editar a lei, e a igualdade a que os aplicadores da lei estão adstritos, ao fazê-la cumprir. Lembre-se, ainda, que, neste último caso, como anota Kelsen em trecho, aliás, retrotranscrito, a noção nada apresentaria de peculiar, pois se resumiria em proclamar a obrigação óbvia de que a lei deve ser cumprida tal como é.

Assim, também, nada obsta que sejam admitidas apenas mulheres — desequiparação em razão de sexo — a concursos para preenchimento de cargo de "polícia feminina".

Outrossim, inexistirá gravame à citada cláusula constitucional na autorização normativa que faculte aos funcionários filiados a credo religioso incompatível com o comparecimento a solenidades pomposas, absterem-se de freqüentá-las, ainda que, em razão do cargo, devessem, em princípio, fazê-lo, se lhes atribuir atividades substitutivas proveitosas para a coletividade.

De igual modo, não se adversará à regra da igualdade se for proibida a admissão, em dadas funções que requeiram contato com tribos primitivas, de pessoas portadoras de certa característica física, qual, *exempli gratia*, determinada cor de olhos, se as tribos em causa tiverem prevenção contra os possuidores de traço biológico desta ordem.

8. Os vários exemplos aduzidos desde o início deste estudo servem para demonstrar que *qualquer elemento residente nas coisas, pessoas ou situações*, pode ser escolhido pela lei como fator discriminatório, donde se segue que, de regra, não é no traço de diferenciação escolhido que se deve buscar algum desacato ao princípio isonômico.

Os mesmos exemplos, tanto como os formulados na parte vestibular deste trabalho, servem para sugerir, claramente, que as discriminações são recebidas como *compatíveis com a cláusula igualitária apenas e tão-somente quando existe um vínculo de correlação lógica* entre a peculiaridade diferencial acolhida por residente no objeto, e a desigualdade de tratamento em função dela conferida, *desde que tal correlação não seja incompatível com interesses prestigiados na Constituição*. O alcance desta ressalva, contudo, para ser bem compreendido, depende de aclaramentos ulteriores, procedidos mais além.

9. Então, percebe-se, o próprio ditame constitucional que embarga a desequiparação por motivo de raça, sexo, trabalho, credo religioso e convicções políticas, nada mais faz que colocar em evidência certos traços que não podem, por razões preconceituosas mais comuns em certa época ou meio, ser tomados gratuitamente como *ratio* fundamentadora de discrímen. O art. 5º, *caput*, ao exemplificar com as hipóteses referidas, apenas pretendeu encarecê-las como insuscetíveis de gerarem, *só por só*, uma discriminação. Vale dizer: recolheu na realidade social elementos que reputou serem possíveis fontes de desequiparações odiosas e explicitou a impossibilidade de virem a ser destarte utilizados.

É certo que *fator objetivo algum pode ser escolhido aleatoriamente, isto é, sem pertinência lógica com a diferenciação procedida*. Entretanto, seria despiciendo relacionar, por exemplo, a renda, a origem familiar, a compleição corporal, como fatores inábeis para servir de calço a discriminações arbitrárias, ante a remotíssima probabilidade de virem a ser utilizados desassisadamente na contemporânea fase histórica. Daí haver posto em saliência alguns fatores, ficando os demais absorvidos na generalidade da regra.

10. Com efeito, por via do princípio da igualdade, o que a ordem jurídica pretende firmar é a impossibilidade de desequiparações fortuitas ou injustificadas. Para atingir este bem, este valor absorvido pelo Direito, o sistema normativo concebeu fórmula hábil que interdita, o quanto possível, tais resultados, posto que, exigindo *igualdade*, assegura que os preceitos genéricos, os abstratos e atos concretos colham a todos sem especificações *arbitrárias*, assim proveitosas que detrimentosas para os atingidos.

Por isso Pimenta Bueno averbou em lanço de extrema felicidade:

"A lei deve ser uma e a mesma para todos; qualquer especialidade ou prerrogativa que não for fundada só e unicamente em uma razão muito valiosa do bem público será uma injustiça e poderá ser uma tirania".[5]

5. *Direito Público Brasileiro* e *Análise da Constituição do Império*, Rio de Janeiro, 1857, p. 424.

11. Ao cabo das considerações procedidas, em que se pretendeu introduzir algumas noções sobreposse relevantes para se entender a compostura da matéria, pode-se ingressar no âmago da questão.

III. CRITÉRIOS PARA IDENTIFICAÇÃO DO DESRESPEITO À ISONOMIA

12. Parece-nos que o reconhecimento das diferenciações que não podem ser feitas sem quebra da isonomia se divide em três questões:

a) a primeira diz com o elemento tomado como fator de desigualação;

b) a segunda reporta-se à correlação lógica abstrata existente entre o fator erigido em critério de discrímen e a disparidade estabelecida no tratamento jurídico diversificado;

c) a terceira atina à consonância desta correlação lógica com os interesses absorvidos no sistema constitucional e destarte juridicizados.

Esclarecendo melhor: tem-se que investigar, de um lado, aquilo que é adotado como critério discriminatório; de outro lado, cumpre verificar se há justificativa racional, isto é, fundamento lógico, para, à vista do traço desigualador acolhido, atribuir o específico tratamento jurídico construído em função da desigualdade proclamada. Finalmente, impende analisar se a correlação ou fundamento racional abstratamente existente é, *in concreto*, afinado com os valores prestigiados no sistema normativo constitucional. A dizer: se guarda ou não harmonia com eles.

Em suma: importa que exista mais que uma correlação lógica *abstrata* entre o fator diferencial e a diferenciação conseqüente. Exige-se, ainda, haja uma correlação lógica *concreta*, ou seja, aferida em função dos interesses abrigados no direito positivo constitucional. E isto se traduz na consonância ou dissonância dela com as finalidades reconhecidas como valiosas na Constituição.

Só a conjunção dos três aspectos é que permite análise correta do problema. Isto é: a hostilidade ao preceito isonômico pode residir em quaisquer deles. Não basta, pois, reconhecer-se que uma regra de direito é ajustada ao princípio da igualdade no que pertine ao primeiro aspecto. Cumpre que o seja, também, com relação ao segundo e ao terceiro. É claro que a ofensa a requisitos do primeiro é suficiente para desqualificá-la. O mesmo, eventualmente, sucederá por desatenção a exigências dos demais, porém quer-se deixar bem explícita a necessidade de que a norma jurídica observe cumulativamente aos reclamos provenientes de todos os aspectos mencionados para ser inobjetável em face do princípio isonômico.

Consideremos, então, com a necessária detença, uma por uma destas questões em que se dividiu o tema para aclaramento didático.

IV. ISONOMIA E FATOR DE DISCRIMINAÇÃO

Sob este segmento, colocaremos em pauta dois requisitos, a saber:

a) a lei não pode erigir em critério diferencial um traço tão específico que singularize *no presente* e *definitivamente*, de modo absoluto, um sujeito a ser colhido pelo regime peculiar;

b) o traço diferencial adotado, necessariamente há de residir na pessoa, coisa ou situação a ser discriminada; ou seja: elemento algum que não exista *nelas mesmas* poderá servir de base para assujeitá-las a regimes diferentes.

Procuremos aclarar estas duas asserções. Afirmou-se que a lei não pode singularizar no presente de modo absoluto, o destinatário.

Com efeito, a igualdade é princípio que visa a duplo objetivo, a saber: de um lado propiciar garantia individual (não é sem razão que se acha insculpido em artigo subordinado à rubrica constitucional "Dos Direitos e Garantias Fundamentais") contra perseguições e, de outro, tolher favoritismos.

Ora, a lei que, na forma aludida, singularizasse o destinatário estaria, *ipso facto*, incorrendo em uma dentre as duas hipóteses acauteladas pelo mandamento da isonomia, porquanto corresponderia ou à imposição de um gravame incidente sobre um só indivíduo ou à atribuição de um benefício a uma única pessoa, sem ensanchar sujeição ou oportunidade aos demais. Seria o caso da norma que declarasse conceder tal benefício ou impusesse qual sujeição ao indivíduo *X*, filho de *Y* e *Z*.

13. Poder-se-ia supor, em exame perfunctório, que, para esquivar-se a tal coima, bastaria formular a lei em termos aparentemente gerais e abstratos, de sorte que sua dicção em teor não individualizado nem concreto servir-lhe-ia como garante de lisura jurídica, conquanto colhesse agora e sempre um único destinatário. Não é assim, contudo. Uma norma ou um princípio jurídico podem ser afrontados tanto à força aberta como à capucha. No primeiro caso expõe-se ousadamente à repulsa; no segundo, por ser mais sutil, não é menos censurável.

É possível obedecer-se formalmente um mandamento mas contrariá-lo em substância. Cumpre verificar se foi atendida não apenas a letra do preceito isonômico, mas também seu espírito, pena de adversar a notória máxima interpretativa:

Scire leges non est verba earum tenere sed vim ac potestatem (Celsus — *Digesto,* Livro I, Tít. III, frag. 17), ou pôr em olvido a sábia dicção:

Littera enim occidit spiritus autem vivificat (*São Paulo aos Coríntios*, Epístola II, Cap. III, vers. 6).

Black, a sabendas, averbou que o ditame implícito na lei "é tanto parte de seu conteúdo como o que nela vem expresso".[6]

14. Então, se a norma é enunciada em termos que prefiguram situação atual única, logicamente *insuscetível de se reproduzir* ou *materialmente inviável* (pelo que singulariza *agora* e *para sempre* o destinatário), denuncia-se sua função individualizadora, incorrendo, pois, no vício indigitado.

6. *Construction and Interpretation of Law*, p. 62.

A inviabilidade de reprodução da hipótese, pois, tanto pode ser lógica quanto material.

15. Haverá *inviabilidade lógica* se a norma *singularizadora* figurar situação atual irreproduzível por força da própria abrangência racional do enunciado. Seria o caso, *exemplificandi gratia*, de lei que declarasse conceder o benefício *tal* aos que houvessem praticado determinado ato, no ano anterior, sendo certo e conhecido que um único indivíduo desempenhara o comportamento previsto.

16. Haverá *inviabilidade apenas material*, quando, sem empeço lógico à reprodução da hipótese, haja todavia, no enunciado da lei, descrição de situação cujo particularismo revela uma tão extrema, da improbabilidade de recorrência que valha como denúncia do propósito, fraudulento, de singularização *atual absoluta* do destinatário.

Figure-se grotesca norma que concedesse benefício ao Presidente da República empossado com tantos anos de idade, portador de tal título universitário, agraciado com as comendas tais e quais e que ao longo de sua trajetória política houvesse exercido os cargos *X* e *Y*. Nela se demonstraria uma finalidade singularizadora absoluta; viciosa, portanto.

Trata-se, então, de saber se a regra questionada deixa portas abertas à eventual incidência futura sobre outros destinatários inexistente à época de sua edição, ou se, de revés, cifra-se quer ostensiva quer sub-repticiamente apenas a um destinatário atual. Neste último caso é que haveria quebra do preceito igualitário.

17. Em suma: sem agravos à isonomia a lei pode atingir uma categoria de pessoas ou então voltar-se para um só indivíduo, se, em tal caso, visar a um sujeito indeterminado e indeterminável no presente. Sirva como exemplo desta hipótese o dispositivo que preceituar: "Será concedido o benefício *tal* ao primeiro que inventar um motor cujo combustível seja a água".

O primeiro tipo de norma é insuscetível de hostilizar a igualdade quanto ao aspecto ora cogitado, isto é, quanto à "individualização atual do destinatário", porque seu teor geral exclui racionalmente este vício. O segundo também não fere a isonomia, no que pertine ao aspecto *sub examine*, porque não agride o conteúdo real do preceito isonômico: evitar perseguições ou favoritismos em relação a determinadas pessoas.

18. Quadra aqui, para mais cabal esclarecimento do tema, breve comento sobre a classificação das regras jurídicas quanto à sua estrutura.

A lei se diz *geral*, quando apanha uma classe de sujeitos. *Generalidade* opõe-se a *individualização*, que sucede toda vez que se volta para um único sujeito, particularizadamente, caso em que se deve nominá-la lei *individual*.

Diversa coisa é a abstração da lei. Convém denominar de *abstrata* a regra que supõe situação reproduzível, ou seja "ação-tipo", como diz Norberto Bobbio. O contraposto do preceito abstrato é o *concreto*, relativo à situação única, prevista para uma só ocorrência; portanto, sem hipotetizar sua renovação. Até aqui seguimos, no respeitante a esta classificação das normas, a proposta de Norberto Bobbio.[7]

7. Norberto Bobbio in *Teoria della Norma Giuridica*, Giapichelli Editori, Torino, 1958, pp. 227 e ss., ensina: "Ogni proposizione prescrittiva, e quindi anche le norme giuridiche, è formata di due elementi costitutivi e quindi immancabili: il *soggetto*, a cui la norma si rivolge, ovvero il *destinatario*, e *l'oggetto* della prescrizione, ovvero *l'azione prescritta*." (p. 228) (...) "Orbene tanto il destinatario-soggetto quanto l'azione-oggetto possono presentarsi, in una norma giuridica, in forma universali e in forma singolare. (...) In questo modo si ottengono non due ma quattro tipi di proposizioni giuridiche, ovvero *prescrizione con destinatario universale, prescrizione con destinatario singolare, prescrizione con azione universale, prescrizione con azione singolare*" (p. 229) (...) "Invece di usare promiscuamente i termini di "generale" e "astratto", riteniamo opportuno chiamare "generali" le norme che sono universali rispetto al destinatario, e "astratte" quelle che sono universali rispetto all'azione. Così consigliamo di parlare di *norme generali* quando si troviamo di fronte a norme che si rivolgono a una classe di persone; e di *norme astratte* quando si troviamo di fronte a norme che regolano un'azione-tipo (o una classe di azioni). Alle norme generali si contrappongono quelle che hanno per destinatario un individuo singolo, e suggeriamo di chiamare *norme individuali*; alle norme astratte si contrap-

Consideramos, contudo, que o ilustre jusfilósofo se engana ao estabelecer as possíveis combinações entre estes quatro tipos de normas: gerais, individuais, abstratas e concretas. Isto porque, consoante nos parece, toda norma *abstrata* — ao contrário do que supõe Bobbio — é sempre *geral*, embora seja certo que a característica da generalidade nada predica quanto à abstração ou concreção da regra. Vale dizer: a generalidade é neutra quanto a isto.[8] Reversamente, a abstração contém, requer, logicamente, a generalidade.

Com efeito: se geral é a lei que nomeia uma classe de sujeitos, uma categoria de indivíduos, pouco importa que ao momento de sua edição haja apenas um, desde que, no futuro, outros se venham a alocar debaixo da mesma situação, *quando reproduzida*. Ora, a reprodução do "objeto" (na terminologia de Bobbio), isto é, a renovação *da situação* é o próprio da regra *abstrata*. Pois bem: se uma situação é reproduzível — porque hipotetizada nestes termos — inevitavelmente abarcará sempre *novos sujeitos*, a dizer: os que pertençam *à categoria determinada* em função da "situação-tipo". Quem quer que se encontre naquela situação renovável é membro, é partícipe, da classe ou categoria

pongono quelle che regolano un'azione singola, e suggeriamo di chiamare *norme concrete*" (p. 231).

8. A regra geral, isto é, dotada de teor de generalidade, apanha toda uma classe de indivíduos. Pode alcançá-los quer no presente, quer no futuro. Por isso, nada obsta que — sem prejuízo de sua generalidade — eventualmente colha, no presente, apenas um indivíduo e os demais, alojáveis na categoria, venham a existir somente no futuro. Assim, por exemplo, terá como sujeitos-destinatários uma universalidade, para usar adequada expressão adotada por Bobbio, a regra que estabelecer: "Todos os agricultores que tiverem a integralidade de sua plantação de soja atingida pela praga tal, beneficiar-se-ão de moratória de três anos para saldar os financiamentos estatais que hajam contraído para o cultivo deste produto". Ocasionalmente poderá existir no presente apenas um sujeito nestas condições e a regra não será menos geral, em decorrência disto.

No exemplo dado, a regra é geral e abstrata. Seria geral e concreta caso contemplasse um conjunto de agricultores existentes à época da lei e inadmitisse para o futuro a reprodução da situação prevista no mandamento.

Em suma, a generalidade da lei não traz consigo qualquer predicação quanto à concreção ou abstração.

determinada em vista — não dos caracteres inerentes ao indivíduo mas da tipologia da situação delineada pela norma.

Por isso, entendemos em contradita ao pensamento de Bobbio que toda regra *abstrata é simultaneamente geral, dado que apanha sempre*, conquanto, às vezes, intertemporalmente, *uma categoria de pessoas.*[9]

19. Ao termo destas considerações pode-se dizer que:

a) a regra simplesmente *geral nunca poderá ofender à isonomia* pelo aspecto da individualização abstrata do destinatá-

9. Toda norma abstrata, como se disse, exatamente porque supõe renovação da *hipótese* nela contemplada, alcança uma universalidade de sujeitos: aqueles que se vêem atingidos pela situação reproduzida; vale dizer, a categoria de pessoas qualificada não pelos traços subjetivos mas pela inserção na situação objetiva renovável. Por isso, toda norma abstrata é também geral, no sentido mesmo que Bobbio atribuiu à característica generalidade: universalidade de sujeitos contemplados na regra.

O equívoco do eminente jusfilósofo, ao admitir norma, a um só tempo, *abstrata* e *individual* (op. cit., p. 235), deveu-se a que confundiu, *data venia*, "abstração" com "eficácia continuada" de atos individuais. Daí seu exemplo de norma individual e abstrata: lei que atribui a uma *determinada pessoa um cargo*, o de juiz da corte constitucional. Pretende que tal lei se volta para um só indivíduo e lhe prescreve não uma ação única mas todas as inerentes ao exercício do cargo. Desta última circunstância extraiu a inexata conclusão de que a norma figurada é abstrata. Na verdade, todavia, não há a característica "abstração". Com efeito, nela inexiste o traço "reprodução", "renovação" do objeto, "ação-tipo", repetição da situação, características que, segundo o próprio Bobbio, conferem a qualificação de "abstrato". Tem-se, no caso, tão-somente *eficácia continuada dos efeitos* de uma hipótese normativa única e *exaurida com sua ocorrência*: a nomeação de uma pessoa para um cargo.

A regra, pois, que investe *aquele* indivíduo — exemplo figurado por Bobbio — é, sobre individual, concreta.

Deveras, seu exemplo não foi o de lei que faculte a alguém investir *sucessivas vezes* (reprodução da situação) titulares de cargos da Corte Constitucional, mas o de uma única investidura. A circunstância de alguém receber um plexo de poderes, continuadamente exercitáveis, nada tem a ver com a estrutura da norma, mas com a eficácia continuada de um único ato, não renovável.

Em suma: cumpre distinguir exaustão da hipótese, vale dizer, da situação-tipo ali prevista, e exaustão dos *efeitos* gerados por uma dada hipótese. Se a hipótese, ela mesma, se exaure em uma única aplicação, tem-se a norma concreta, embora os efeitos por ela gerados, quando de sua aplicação única, possam perdurar.

rio, vez que seu enunciado é, de si mesmo, incompatível com tal possibilidade;

b) a *regra abstrata também jamais poderá adversar o princípio da igualdade* no que concerne ao vício de atual individualização absoluta, ou definitiva, pois a renovação da hipótese normativa acarreta sua incidência sempre sobre uma categoria de indivíduos, ainda que, à época de sua edição, exista apenas uma pessoa integrando-a.

Ressalva-se, tão-só, conforme advertência anterior (itens 13 a 16) a maliciosa figuração de generalidade ou abstração, ou seja, a de regra que se revista aparentemente destes caracteres, tendo por intuito real costear insidiosamente o impedimento de perseguir ou favorecer nomeadamente determinado indivíduo;

c) a *regra individual poderá ou não incompatibilizar-se com o princípio da igualdade* no que atina à singularização atual absoluta do sujeito. Será convivente com ele se estiver reportada a sujeito futuro, portanto atualmente indeterminado e indeterminável. Será transgressora da isonomia se estiver referida a sujeito único atual, determinado ou determinável;

d) a *regra concreta*, igualmente, *será ou não harmonizável com a igualdade*. Sê-lo-á, quando, ademais de concreta, for geral. Não o será quando, sobre concreta, for, no presente, individual.

Torna-se a repetir que as regras propostas neste lanço, para exame de compatibilidade ou não de uma lei com a igualdade, restringem-se a uma *pronúncia* adstrita ao aspecto "*individualização absoluta do sujeito*".

Portanto, ainda que limpa de vícios sob este ângulo, poderá ser recusável por se ressentir de outros defeitos examinados em tópicos subseqüentes e, de resto, muito mais receáveis, na prática diuturna das leis.

20. É inadmissível, perante a isonomia, discriminar pessoas ou situações ou coisas (o que resulta, em última instância, na discriminação de pessoas) mediante traço diferencial que não seja nelas mesmas residentes. Por isso, são incabíveis regimes diferentes determinados em vista de fator alheio a elas; quer-se dizer: que não seja extraído delas mesmas.

Em outras palavras: um fator neutro em relação às situações, coisas ou pessoas diferençadas é inidôneo para distingui-las. Então, não pode ser deferido aos magistrados ou aos advogados ou aos médicos que habitem em determinada região do País — *só por isto* — um tratamento mais favorável ou mais desfavorável juridicamente. Em suma, discriminação alguma pode ser feita entre eles, simplesmente em razão da área espacial em que estejam sediados.

Poderão, isto sim — o que é coisa bastante diversa — existir nestes vários locais, situações e circunstâncias, as quais sejam, elas mesmas, distintas entre si, gerando, então, por condições próprias suas, elementos diferenciais pertinentes. Em tal caso, não será a demarcação espacial, *mas o que nelas exista*, a razão eventualmente substante para justificar discrímen entre os que se assujeitam — por sua presença contínua ali — àquelas condições e as demais pessoas que não enfrentam idênticas circunstâncias.

21. O asserto ora feito — que pode parecer senão óbvio, quando menos, despiciendo — tem sua razão de ser. Ocorre que o fator "tempo", assaz de vezes, é tomado como critério de discrímen sem fomento jurídico satisfatório, por desrespeitar a limitação ora indicada.

Esta consideração postremeira é indispensável para aplainar de lés a lés possíveis dúvidas.

O fator "tempo" não é jamais um critério diferencial, ainda que em primeiro relanço aparente possuir este caráter.

22. Quando a lei *validamente* colhe os indivíduos e situações a partir de tal data ou refere os que hajam exercido tal ou qual atividade ao largo de um certo lapso temporal, não está, em rigor de verdade, erigindo o "tempo", *per se*, como critério qualificador, como elemento diferencial.

Sucede, isto sim, que o tempo é um condicionante lógico dos seres humanos. A dizer, as coisas decorrem numa sucessão que demarcamos por força de uma referência cronológica irrefragável. Por isso, quando a lei faz referência ao tempo, aparentemente tomando-o como elemento para discriminar situações ou indivíduos abrangidos pelo período demarcado, o que na verdade está prestigiando como fator de desequiparação é a própria sucessão de fatos ou de "estados" transcorridos ou a transcorrer.

23. Então, quando diz que serão estáveis os concursados, após dois anos, o que, em rigor lógico, admitiu como diferencial entre os que preenchem e os que não preenchem tal requisito, não foi o tempo *qua tale* — pois este é *neutro, necessariamente idêntico para todos os seres* — porém *o que ocorreu ao longo dele*, uma certa sucessão, uma dada persistência continuada no exercício de um cargo. Foi, pois, a reiteração do exercício funcional que a lei prestigiou como fator de estabilização e não o abstrato decurso de uma cronologia. Ao fixar os dois anos para desfrute da situação, apenas demarcou a extensão de uma sucessão reiterada de um estado: o estado de funcionário. Nada há de incongruente nisto. É certo que o termo de demarcação (2 anos) poderia ser estabelecido para maior ou para menor, contudo, o que a norma erigiu em valor distintivo foi a reiteração em si mesma. É perfeitamente admissível, do ponto de vista lógico, distinguir situações, conforme sejam mais ou menos reiteradas, para fins de dispensar tratamento especial aos que revelaram certa persistência em dada situação sem que houvessem comparecido razões desabonadoras de sua continuidade.

24. Igualmente, quando a lei diz: a partir de *tal* data, *tais* situações passam a ser regidas pela norma superveniente, não está, com isto, elevando o tempo à conta de razão de discrímen, porém, tomando os fatos subjacentes e dividindo-os em fatos já existentes e fatos não existentes. Os que já existem recebem um dado tratamento, os que não existem e virão a existir receberão outro tratamento. É a diferença entre existir e não existir (ter ocorrido ou não ter ocorrido) que o Direito empresta força de fator distintivo entre as situações para lhes atribuir disciplinas diversas. E, mesmo nesta hipótese, não é ilimitada a possibilidade de discriminar. Assim, *os fatos já existentes foram e continuam sendo, todos eles tratados do mesmo modo*, salvo se, *por outro fator* logicamente correlacionado com alguma distinção estabelecida, venham a ser desequiparados.

Ainda quando a lei demarca no passado um tempo, uma data, para discriminar entre situações pretéritas, esta demarcação temporal é, também ela, *mero limite* que circunscreve alguma situação objetiva diferenciada com base em fato diverso do tempo enquanto tal. Inclusive neste caso, como em qualquer outro, a data (inicial ou final), nada mais faz senão recobrir *acontecimento ou acontecimentos que são eles mesmos as próprias raízes da desequiparação realizada.*

25. Em conclusão: tempo, só por só, é elemento neutro, condição do pensamento humano e por sua neutralidade absoluta, a dizer, porque em nada diferencia os seres ou situações, jamais pode ser tomado como o fator em que se assenta algum tratamento jurídico desuniforme, sob pena de violência à regra da isonomia. Já os fatos ou situações que *nele transcorreram* e por ele se demarcam, estes sim, é que são e podem ser erigidos em fatores de discriminação, *desde que, sobre diferirem entre si, haja correlação lógica entre o acontecimento*, cronologicamente demarcado, *e a disparidade de tratamento* que em função disto se adota.

Sintetizando: aquilo que é, em absoluto rigor lógico, necessária e irrefragavelmente igual para todos não pode ser tomado como fator de diferenciação, pena de hostilizar o princípio isonômico. Diversamente, aquilo que é diferenciável, que é, por algum traço ou aspecto, desigual, pode ser diferençado, fazendo-se remissão à existência ou à *sucessão* daquilo que dessemelhou as situações.

Como a existência ou a sucessão de fatos só ocorre no tempo, a remissão a ele — com fixação de período, prazo, data — é inexorável. Mas daí não resulta que se haja emprestado ao tempo, *em si mesmo*, um valor de critério distintivo. Resulta, apenas, que este serviu — e não tinha como logicamente deixar de comparecer — como referência dos *fatos ou sucessão de fatos tomados em conta, por si mesmos, no que possuíam de diferençados.*

Tanto isto é verdade que não há como se conceber qualquer regulação normativa isenta de referência temporal, o que, aliás, serve para demonstrar sua absoluta neutralidade. Deveras: ou a lei fixa um tempo dado ao regular certa situação ou, inversamente, não fixa qualquer limite. Em ambos os casos há uma referência temporal. Numa é demarcada, noutra é ilimitada, mas ambas levam em conta o tempo, seja medido, seja continuado indefinidamente. Pois, o tempo medido é tão-só uma referência a uma quantidade determinada de fatos e situações que nele tiveram ou terão lugar, ao passo que o tempo ilimitado é também referência a uma quantidade de fatos e situações por definição indeterminados.

26. O que se põe em pauta, nuclearmente, portanto, são sempre as pessoas, fatos ou situações, pois só neles podem residir diferenças. Uma destas diferenças é a reiteração maior ou menor. É a sucessão mais dilatada ou menos dilatada; é, em suma, a variação da persistência. Esta variação demarca-se por um período, por uma data, mas o que está sendo objeto de demarcação não é, obviamente, nem o período em abstrato nem a data em abstrato, mas os próprios fatos ou situações contemplados e demarcados.

Isto posto, procede concluir: a lei não pode tomar *tempo* ou *data* como fator de discriminação entre pessoas a fim de lhes dar tratamentos díspares, sem com isto pelejar à arca partida com o princípio da igualdade. O que pode tomar como elemento discriminador é o fato, é o acontecimento, transcorrido em certo tempo por ele delimitado.

Nem poderia ser de outro modo, pois as diferenças de tratamento só se justificam perante fatos e situações diferentes. Ora, o tempo não está nos fatos ou acontecimentos; logo, sob este ângulo, fatos e acontecimentos em nada se diferenciam. Deveras: são os fatos e acontecimentos que estão alojados no tempo e não o inverso.

27. A distinção feita longe está de ser acadêmica e nem se procedeu a ela por amor a algum preciosismo cerebrino. Pelo contrário, apresenta-se sobremaneira fértil em repercussões práticas.

Com efeito, sendo procedente a distinção, ao se examinar algum discrímen legal, para fins de buscar-lhe afinamento ou desafinamento com o preceito isonômico, *o que se tem de perquirir é se os fatos ou situações alojados no tempo transacto são, eles mesmos, distintos, ao invés de se indagar pura e simplesmente se transcorreram em momentos passados diferentes.*

Se são iguais, não há como diferençá-los, sem desatender à cláusula da isonomia. *Portanto, se a lei confere benefício a alguns que exerceram tais ou quais cargos, funções, atos, comportamentos, em passado próximo e os nega aos que os exerceram em passado mais remoto* (*ou vice-versa*) *estará delirando do preceito isonômico*, a menos que existam, *nos próprios atos ou fatos*, elementos, circunstâncias, aspectos relevantes em si mesmos, que os hajam tornado distintos quando sucedidos em momentos diferentes.

Com efeito: o que autoriza discriminar é a diferença que as coisas possuam em si e a correlação entre o tratamento desequiparador e os dados diferenciais radicados nas coisas.

28. *As coisas é que residem no tempo. O tempo não se aloja nos fatos ou pessoas.* Portanto *o tempo não é uma diferença que neles assiste.* Deste ponto de vista, pessoas, fatos e situações são iguais. Por isso se disse que o tempo é neutro. Se o tempo não é uma inerência, uma qualidade, um atributo próprio das coisas (pois são elas que estão no tempo e não o tempo nelas), resulta que em nada diferem pelo só fato de ocorrerem em ocasiões já ultrapassadas. Todas *existiram*. E se existiram do mesmo modo, sob igual feição, então, são iguais e devem receber tratamento paritário.

Afinal: há de ser nos próprios acontecimentos tomados em conta que se buscarão diferenças justificadoras de direitos e deveres distintos e não em fatores alheios a eles que em nada lhes agregam peculiaridades desuniformizadoras.

29. Em suma: é simplesmente ilógico, irracional, buscar em um elemento estranho a uma dada situação, alheio a ela, o fator de sua peculiarização. Se os fatores externos à sua fisionomia são diversos (quais os vários instantes temporais) então, percebe-se, a todas as luzes, que eles é que se distinguem e não as situações propriamente ditas. Ora, o princípio da isonomia preceitua que sejam tratadas igualmente as situações iguais e desigualmente as desiguais. Donde não há como desequiparar pessoas e situações quando *nelas* não se encontram fatores desiguais. E, por fim, consoante averbado insistentemente, cumpre ademais que a diferenciação do regime legal esteja correlacionada com a diferença que se tomou em conta.

V. CORRELAÇÃO LÓGICA ENTRE FATOR DE DISCRÍMEN E A DESEQUIPARAÇÃO PROCEDIDA

30. O ponto nodular para exame da correção de uma regra em face do princípio isonômico reside na existência ou não de correlação lógica entre o fator erigido em critério de discrímen e a discriminação legal decidida em função dele.

Na introdução deste estudo sublinhadamente enfatizou-se este aspecto. Com efeito, há espontâneo e até insconsciente reconhecimento da juridicidade de uma norma diferençadora quando é perceptível a congruência entre a distinção de regimes estabelecida e a desigualdade de situações correspondentes.

De revés, ocorre imediata e intuitiva rejeição de validade à regra que, ao apartar situações, para fins de regulá-las diversamente, calça-se em fatores que não guardam pertinência com a desigualdade de tratamento jurídico dispensado.

31. Tem-se, pois, que é o vínculo de conexão lógica entre os elementos diferenciais colecionados e a disparidade das disciplinas estabelecidas em vista deles, o *quid* determinante da validade ou invalidade de uma regra perante a isonomia.

Segue-se que o problema das diferenciações que não podem ser feitas sem quebra da igualdade não se adscreve aos elementos escolhidos como fatores de desigualação, pois resulta da conjunção deles com a disparidade estabelecida nos tratamentos jurídicos dispensados.

Esclarecendo melhor: tem-se que investigar, de um lado, aquilo que é erigido em critério discriminatório e, de outro lado, se há justificativa racional para, à vista do traço desigualador adotado, atribuir o específico tratamento jurídico construído em função da desigualdade afirmada.

Exemplificando para aclarar: suponha-se hipotética lei que permitisse aos funcionários gordos afastamento remunerado para assistir a congresso religioso e o vedasse aos magros. No caricatural exemplo aventado, a gordura ou esbeltez é o elemento tomado como critério distintivo. Em exame perfunctório parecerá que o vício de tal lei, perante a igualdade constitucional, reside no elemento fático (compleição corporal) adotado como critério. Contudo, este não é, em si mesmo, fator insuscetível de ser tomado como fato deflagrador de efeitos jurídicos específicos. O que tornaria inadmissível a hipotética lei seria a ausência de correlação entre o elemento de discrímen e os efeitos jurídicos atribuídos a ela. Não faz sentido algum facultar aos obesos faltarem ao serviço para congresso religioso porque entre uma coisa e outra não há qualquer nexo plausível. Todavia, em outra relação, seria tolerável considerar a tipologia física como elemento discriminatório. Assim, os que excedem certo peso em relação à altura não podem exercer, no serviço militar, funções que reclamem presença imponente.

32. Então, no que atina ao ponto central da matéria abordada procede afirmar: é agredida a igualdade quando o fator diferencial adotado para qualificar os atingidos pela regra não guarda relação de pertinência lógica com a inclusão ou exclusão no benefício deferido ou com a inserção ou arredamento do gravame imposto.

Cabe, por isso mesmo, quanto a este aspecto, concluir: o critério especificador escolhido pela lei, a fim de circunscrever os atingidos por uma situação jurídica — a dizer: o fator de discriminação — pode ser qualquer elemento radicado neles; todavia, necessita, inarredavelmente, guardar relação de pertinência lógica com a diferenciação que dele resulta. Em outras palavras: a discriminação não pode ser gratuita ou fortuita. Impende que exista uma adequação racional entre o tratamento diferenciado construído e a razão diferencial que lhe serviu de supedâneo. Segue-se que, se o fator diferencial não guardar conexão lógica com a disparidade de tratamentos jurídicos dispensados, a distinção estabelecida afronta o princípio da isonomia.

33. Este é o motivo por que alguns dos exemplos dantes figurados como ofensivos à igualdade revelavam-se, de plano, viciados, percebendo-se, até intuitivamente, sua mácula jurídica, ao passo que outros, conquanto embasados no mesmo elemento desequiparador apresentavam-se, de logo, conviventes com o preceito isonômico. Nos primeiros, nenhuma conexão lógica se podia estabelecer entre o critério desigualador e a desigualdade jurídica de tratamento; nos segundos, pelo contrário, ressaltava a adequação lógica entre o fator de desequiparação e a diversificação de regime que se lhe faria corresponder.

Em síntese: a lei não pode conceder tratamento específico, vantajoso ou desvantajoso, em atenção a traços e circunstâncias peculiarizadoras de uma categoria de indivíduos se não houver adequação racional entre o elemento diferencial e o regime dispensado aos que se inserem na categoria diferençada.

34. Por derradeiro cumpre fazer uma importante averbação. A correlação lógica a que se aludiu, nem sempre é absoluta, "pura", a dizer, isenta da penetração de ingredientes próprios das concepções da época, absorvidos na intelecção das coisas.

Basta considerar que em determinado momento histórico parecerá perfeitamente lógico vedar às mulheres o acesso a certas funções públicas, e, em outras épocas, pelo contrário, entender-se-á inexistir motivo racionalmente subsistente que convalide a vedação. Em um caso terá prevalecido a tese de que a proibição, isto é, a desigualdade no tratamento jurídico se *correlaciona juridicamente* com as condições do sexo feminino, tidas como inconvenientes com certa atividade ou profissão pública, ao passo que em outra época, a propósito de igual mister, a resposta será inversa. Por conseqüência, a mesma lei, ora surgirá como ofensiva da isonomia, ora como compatível com o princípio da igualdade.

VI. CONSONÂNCIA DA DISCRIMINAÇÃO COM OS INTERESSES PROTEGIDOS NA CONSTITUIÇÃO

35. Para que um discrímen legal seja convivente com a isonomia, consoante visto até agora, impende que concorram quatro elementos:

a) que a desequiparação não atinja de modo atual e absoluto, um só indivíduo;

b) que as situações ou pessoas desequiparadas pela regra de direito sejam efetivamente distintas entre si, vale dizer, possuam características, traços, *nelas residentes*, diferençados;

c) que exista, em abstrato, uma correlação lógica entre os fatores diferenciais existentes e a distinção de regime jurídico em função deles, estabelecida pela norma jurídica;

d) que, *in concreto*, o vínculo de correlação supra-referido seja pertinente em função dos interesses constitucionalmente protegidos, isto é, resulte em diferenciação de tratamento jurídico fundada em razão valiosa — ao lume do texto constitucional — para o bem público.

36. O último elemento encarece a circunstância de que não é qualquer diferença, conquanto real e logicamente explicável, que possui suficiência para discriminações legais. Não basta, pois, poder-se estabelecer racionalmente um nexo entre a diferença e um conseqüente tratamento diferençado. Requer-se, demais disso, que o vínculo demonstrável seja constitucionalmente pertinente. É dizer: as vantagens calçadas em alguma peculiaridade distintiva hão de ser conferidas prestigiando situações conotadas positivamente ou, quando menos, compatíveis com os interesses acolhidos no sistema constitucional.

37. Reversamente, não podem ser colocadas em desvantagem pela lei situações a que o sistema constitucional empresta conotação positiva.

Deveras, a lei não pode atribuir efeitos valorativos, ou depreciativos, a critério especificador, em desconformidade ou contradição com os valores transfundidos no sistema constitucional ou nos padrões ético-sociais acolhidos neste ordenamento. Neste sentido se há de entender a precitada lição de Pimenta Bueno segundo a qual "qualquer especialidade ou prerrogativa que não for fundada só e unicamente em uma razão muito valiosa do bem público, será uma injustiça e poderá ser uma tirania".

38. Parece bem observar que não há duas situações tão iguais que não possam ser distinguidas, assim como não há duas situações tão distintas que não possuam algum denominador comum em função de que se possa parificá-las. É o que se colhe da lição de Hospers (*apud* Agustín Gordillo — *El Acto Administrativo*, Abeledo-Perrot, 2ª ed., 1969, p. 26). Por isso se observa que não é qualquer distinção entre as situações que autoriza discriminar. Sobre existir alguma diferença importa que esta seja relevante para o discrímen que se quer introduzir legislativamente. Tal relevância se identifica segundo determinados critérios.

De logo, importa, consoante salientado, que haja correlação lógica entre o critério desigualador e a desigualdade de tratamento. Contudo, ainda se requer mais, para lisura jurídica das desequiparações. Sobre existir nexo lógico, é mister que este retrate concretamente um bem — e não um desvalor — absorvido no sistema normativo constitucional.

39. Assim, poder-se-ia demonstrar existência de supedâneo racional, a dizer, nexo lógico, em desequiparação entre grandes grupos empresariais e empresas de porte médio, de sorte a configurar situação detrimentosa para estas últimas e privilegiada para os primeiros, aos quais se outorgariam, por exemplo, favores fiscais sob fundamento de que graças à concentração de capital operam com maior nível de produtividade, ensejando desenvolvimento econômico realizado com menores desperdícios. A distinção estaria apoiada em real diferença entre uns e outras. Demais disso, existiria, no caso, um critério lógico suscetível de ser invocado, não se podendo falar em discrímen aleatório. Sem embargo a desequiparação em pauta seria ofensiva ao preceito isonômico por adversar um valor constitucionalmente prestigiado e prestigiar um elemento constitucionalmente desvalorado.

Com efeito, o art. 173, § 4º, da Lei Maior, hostiliza as situações propiciatórias do domínio dos mercados e da eliminação da livre concorrência, posto que, ademais, por tal meio, longe de se concorrer para a justiça social (art. 170, *caput*), tende-se a fugir dela.

Também não se poderiam criar favores restritos a grupos estrangeiros em desvalia de nacionais, conquanto os primeiros tivessem a aboná-los, como diferencial específico, sua alta qualificação tecnológica, porque deste modo estar-se-ia negando o primeiro postulado de um Estado independente, isto é, a defesa de seus nacionais, além de afrontar a idéia de um desenvolvimento verdadeiramente "nacional", objetivo consagrado no precitado art. 170 do Texto Magno brasileiro e em particular no art. 171, §§ 1º e 2º.

40. À guisa de conclusão deste tópico, fica sublinhado que não basta a exigência de pressupostos fáticos diversos para que a lei distinga situações sem ofensa à isonomia. Também não é suficiente o poder-se argüir fundamento racional, pois não é qualquer fundamento lógico que autoriza desequiparar, mas tão-só aquele que se orienta na linha de interesses prestigiados na ordenação jurídica máxima. Fora daí ocorrerá incompatibilidade com o preceito igualitário.

VII. CAUTELA NA INTERPRETAÇÃO DAS LEIS EM ATENÇÃO À ISONOMIA

41. Por último, registre-se que o respeito ao princípio da igualdade reclama do exegeta uma vigilante cautela, a saber:

Não se podem interpretar como desigualdades legalmente certas situações, quando a lei não haja "assumido" o *fator tido como desequiparador*. Isto é, circunstâncias *ocasionais* que proponham fortuitas, acidentais, cerebrinas ou sutis distinções entre categorias de pessoas não são de considerar.

Então, se a lei se propôs distinguir pessoas, situações, grupos, e se tais diferenciações se compatibilizam com os princípios expostos, não há como negar os discrimens. Contudo, se a distinção não procede diretamente da lei que instituiu o benefício ou exonerou de encargo, não tem sentido prestigiar interpretação que favoreça a contradição de um dos mais solenes princípios constitucionais.

42. O que se encarece, neste passo, é que a isonomia se consagra como o maior dos princípios garantidores dos direitos individuais. *Praeter legem*, a presunção genérica e absoluta é a da igualdade, porque o texto da Constituição o impõe. Editada a lei, aí sim, surgem as distinções (que possam se compatibilizar com o princípio máximo) por ela formuladas em consideração à diversidade das situações. Bem por isso, é preciso que se trate de desequiparação querida, desejada pela lei, ou ao menos, pela conjugação harmônica das leis. Daí, o haver-se afirmado que discriminações que decorram de circunstâncias fortuitas, incidentais, conquanto correlacionadas com o tempo ou a época da norma legal, não autorizam a se pretender que a lei almejou desigualar situações e categorias de indivíduos. E se este intento não foi professado inequivocamente pela lei, embora de modo implícito, é intolerável, injurídica e inconstitucional qualquer desequiparação que se pretenda fazer.

VIII. CONCLUSÕES FINAIS

43. Ao fim e ao cabo desta exposição teórica têm-se por firmadas as seguintes conclusões:

Há ofensa ao preceito constitucional da isonomia quando:

I — A norma singulariza atual e definitivamente um destinatário determinado, ao invés de abranger uma categoria de pessoas, ou uma pessoa futura e indeterminada.

II — A norma adota como critério discriminador, para fins de diferenciação de regimes, elemento não residente nos fatos, situações ou pessoas por tal modo desequiparadas. É o que ocorre quando pretende tomar o fator "tempo" — que não descansa no objeto — como critério diferencial.

III — A norma atribui tratamentos jurídicos diferentes em atenção a fator de discrímen adotado que, entretanto, não guarda relação de pertinência lógica com a disparidade de regimes outorgados.

IV — A norma supõe relação de pertinência lógica existente em abstrato, mas o discrímen estabelecido conduz a efeitos contrapostos ou de qualquer modo dissonantes dos interesses prestigiados constitucionalmente.

V — A interpretação da norma extrai dela distinções, discrimens, desequiparações que não foram professadamente assumidos por ela de modo claro, ainda que por via implícita.

GRÁFICA PAYM
Tel. (011) 4392-3344
paym@terra.com.br